W9-CPQ-203

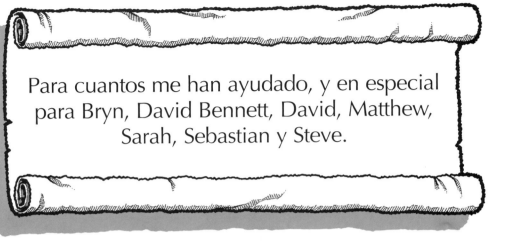

Para cuantos me han ayudado, y en especial para Bryn, David Bennett, David, Matthew, Sarah, Sebastian y Steve.

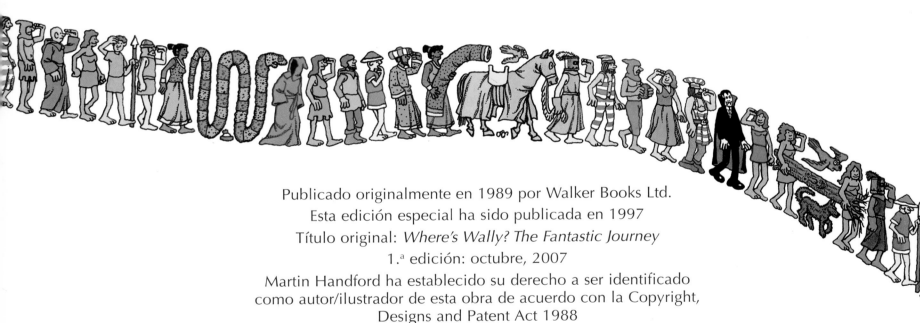

Publicado originalmente en 1989 por Walker Books Ltd.
Esta edición especial ha sido publicada en 1997
Título original: *Where's Wally? The Fantastic Journey*
1.ª edición: octubre, 2007
Martin Handford ha establecido su derecho a ser identificado como autor/ilustrador de esta obra de acuerdo con la Copyright, Designs and Patent Act 1988
Cuestionario compilado por Stuart Cooper
© 1989, 1995, 1997, Martin Handford
Traducción: Enrique Sánchez Abulí y equipo Ediciones B
Revisión: Mireia Blasco
© Traducción: Ediciones B, S. A.
© 2007, Ediciones B, S. A.
Bailén, 84 - 08009 Barcelona (España)
www.edicionesb.com
ISBN: 978-84-666-3381-9
Ésta es una coedición de Ediciones B, S. A.
con Walker Books Ltd.
Printed in China – Impreso en China

EL NUEVO
¿DÓNDE ESTÁ
WALLY? ③
EL VIAJE
FANTÁSTICO

MARTIN HANDFORD

EDICIONES B
GRUPO ZETA

Barcelona • Bogotá • Buenos Aires • Caracas • Madrid
México D. F. • Montevideo • Quito • Santiago de Chile

LOS GLOTONES

ÉRASE UNA VEZ QUE WALLY EMPRENDIÓ UN VIAJE FANTÁSTICO. PRIMERO FUE A PARAR ENTRE UNA MULTITUD DE GLOTONES, DONDE CONOCIÓ AL MAGO BARBABLANCA, QUE LE ORDENÓ BUSCAR UN PERGAMINO EN CADA UNA DE LAS ETAPAS DE SU VIAJE. AL ENCONTRAR LOS DOCE PERGAMINOS COMPRENDERÍA EL PROPÓSITO DEL VIAJE: SÓLO ENTONCES HALLARÍA LA VERDAD POR SÍ MISMO.

EN CADA ESCENA DEBEN ENCONTRAR A WALLY, WOOF (RECUERDEN QUE SÓLO SE LE VE LA COLA), WENDA, EL MAGO BARBABLANCA Y ODLAW. DEBERÁN ENCONTRAR TAMBIÉN MI LLAVE, EL HUESO DE WOOF (EN ESTA DOBLE PÁGINA ES EL HUESO QUE ESTÁ MÁS CERCA DE SU COLA), LA CÁMARA DE WENDA, EL PERGAMINO DEL MAGO BARBABLANCA Y LOS PRISMÁTICOS DE ODLAW.

ADEMÁS HAY 25 BUSCADORES DE WALLY. CADA UNO APARECE SÓLO UNA VEZ EN LAS DOCE ESCENAS SIGUIENTES. ¡Y TODAVÍA OTRA COSA! ¿SERÁN CAPACES DE ENCONTRAR A OTRO PERSONAJE QUE NO APARECE AQUÍ ABAJO PERO QUE LO HACE UNA VEZ EN CADA ESCENA EXCEPTO EN LA ÚLTIMA?

LAS ALFOMBRAS VOLADORAS

DESPUÉS, WALLY Y EL MAGO BARBABLANCA
LLEGARON AL PAÍS DE LAS ALFOMBRAS
VOLADORAS, POR DONDE LOS OTROS
WALLY YA HABÍAN PASADO, Y WALLY VIO
MUCHAS ALFOMBRAS Y PÁJAROS ROJOS
VOLANDO POR EL CIELO (¿CUÁNTOS, OH PERSPICACES
BUSCADORES DE PÁJAROS Y ALFOMBRAS?). Y TRAS
ENCONTRAR EL TERCER PERGAMINO, WALLY
CONTINUÓ SU VIAJE.

EL GRAN PARTIDO DE PELOTA

DESPUÉS, WALLY Y EL MAGO BARBABLANCA LLEGARON AL CAMPO DEL GRAN PARTIDO DE PELOTA, DONDE LOS OTROS WALLY YA HABÍAN ESTADO. Y WALLY VIO QUE CUATRO EQUIPOS JUGABAN TODOS CONTRA TODOS (PERO ¿CUÁL IBA GANANDO? ¿POR CUÁNTO? ¿ERES CAPAZ DE ADIVINAR LAS REGLAS DEL JUEGO?). POR ÚLTIMO WALLY ENCONTRÓ EL CUARTO PERGAMINO Y CONTINUÓ SU VIAJE.

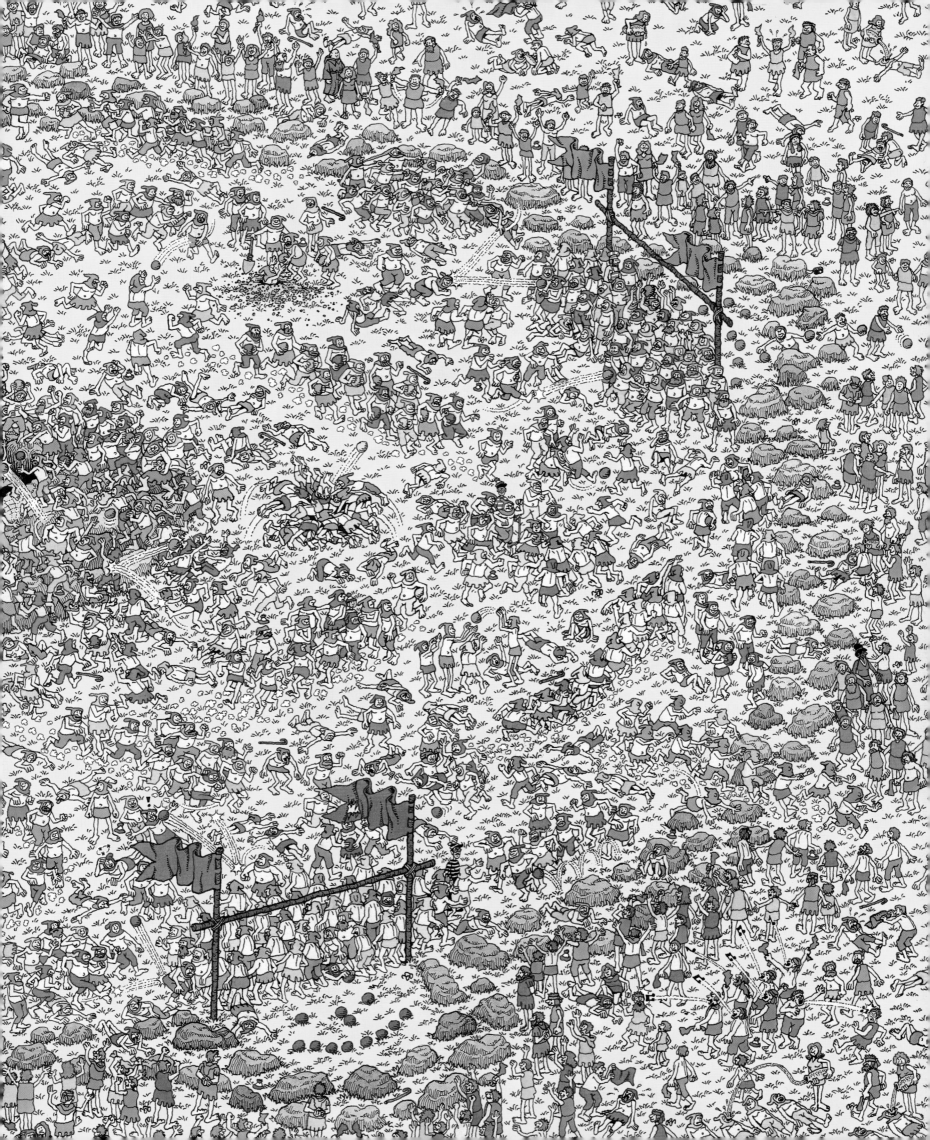

LOS FEROCES ENANOS ROJOS

DESPUÉS, WALLY Y EL MAGO BARBABLANCA SE
ENCONTRARON ENTRE LOS FEROCES ENANOS
ROJOS, DONDE ANTES HABÍAN ESTADO
MUCHOS WALLY. Y LOS ENANOS ESTABAN
ATACANDO A LOS LANCEROS DE COLORES, CREANDO
GRAN CONFUSIÓN Y ESPANTOSOS ESTRAGOS. Y WALLY
DIO CON EL QUINTO PERGAMINO Y CONTINUÓ SU VIAJE.

LOS MALOS MALÍSIMOS

WALLY Y EL MAGO BARBABLANCA LLEGARON AL
CASTILLO DE LOS MALOS MALÍSIMOS DONDE
MUCHOS WALLY YA HABÍAN ESTADO ANTES.
Y POR DONDEQUIERA QUE CAMINARA WALLY SE
OÍA EL ESPANTOSO ENTRECHOCAR DE LOS HUESOS Y LA
DIABÓLICA RISA DE LAS BRUJAS, Y POR TODAS PARTES EL HEDOR
DE COMIDA DESCOMPUESTA. ASÍ QUE WALLY SE DIO PRISA POR
ENCONTRAR EL SEXTO PERGAMINO Y CONTINUÓ SU VIAJE.

LAS GUERRERAS DEL BOSQUE

DESPUÉS, WALLY Y EL MAGO BARBABLANCA SE ENCONTRARON ENTRE LAS GUERRERAS DEL BOSQUE, DONDE MUCHOS WALLY YA HABÍAN ESTADO ANTES. Y EN SU LUCHA CONTRA LOS MALVADOS CABALLEROS NEGROS, LAS GUERRERAS ERAN AYUDADAS POR LOS ANIMALES, EL BARRO VIVIENTE Y HASTA POR LOS ÁRBOLES. Y WALLY ENCONTRÓ EL SÉPTIMO PERGAMINO Y CONTINUÓ SU VIAJE.

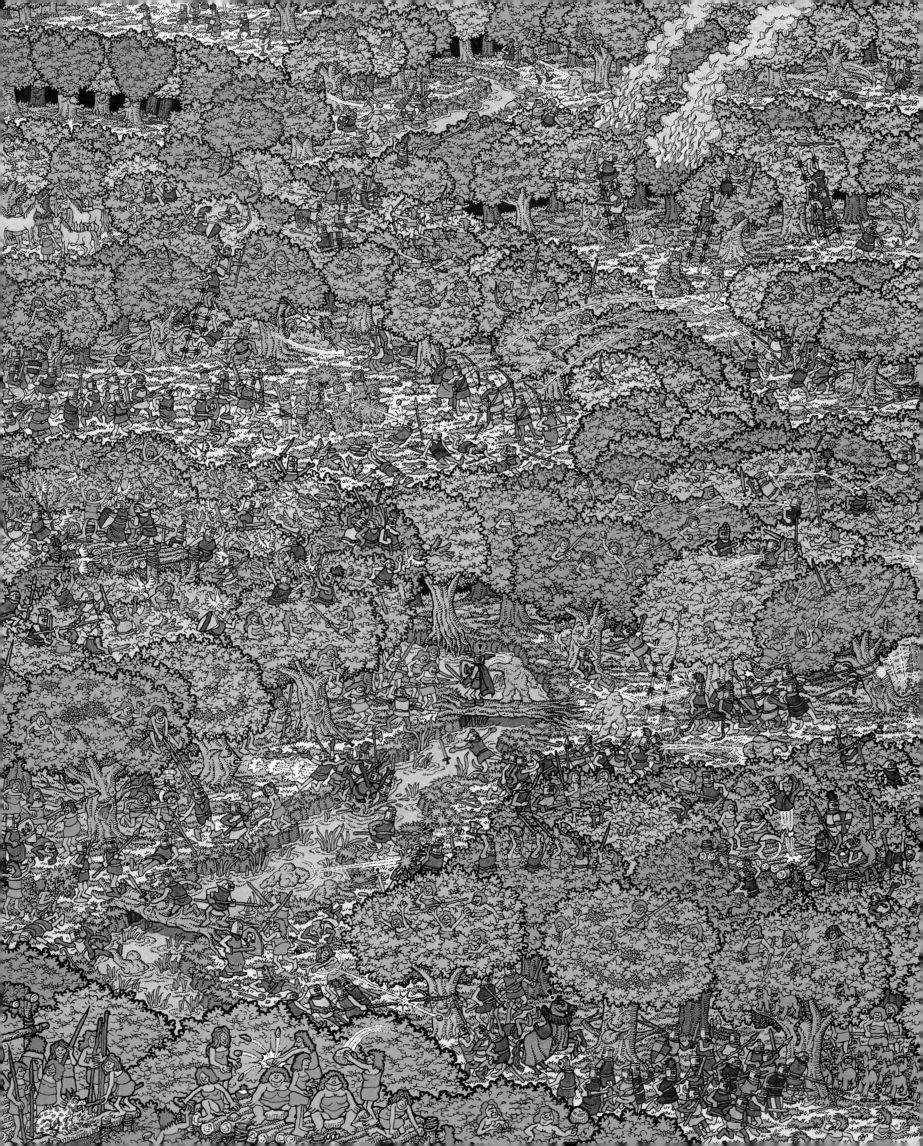

LOS BUCEADORES

DESPUÉS, WALLY Y EL MAGO BARBABLANCA LLEGARON AL MUNDO ACUÁTICO DE LOS BUCEADORES DE LAS PROFUNDIDADES, DONDE MUCHOS WALLY YA HABÍAN ESTADO ANTES. Y WALLY SE PUSO A BUSCAR EL OCTAVO PERGAMINO ENTRE MONSTRUOS ABISMALES, SIRENAS, PESCADORES Y PECES DE TODA CLASE. Y CUANDO LO ENCONTRÓ, DECIDIÓ CONTINUAR CON SU VIAJE.

LOS CABALLEROS DEL ESTANDARTE MÁGICO

WALLY Y EL MAGO BARBABLANCA LLEGARON AL LUGAR MÁS ABARROTADO DE GENTE QUE HABÍAN VISTO NUNCA, DONDE TENÍAN ENTABLADA UNA BATALLA DOS EJÉRCITOS QUE ENARBOLABAN NUMEROSOS ESTANDARTES MÁGICOS. UNA VEZ MÁS, OTROS MUCHOS WALLY HABÍAN ESTADO ALLÍ. Y CUANDO ENCONTRÓ EL NOVENO PERGAMINO, REANUDÓ EL VIAJE DE NUEVO.

LOS MALVADOS GIGANTES

DESPUÉS, WALLY Y EL MAGO BARBABLANCA
LLEGARON AL PAÍS DE LOS MALVADOS
GIGANTES, POR DONDE LOS OTROS WALLY Y A
HABÍAN PASADO. Y WALLY VIO QUE LOS GIGANTES
TRATABAN A LA GENTE MENUDA SIN NINGÚN
MIRAMIENTO. Y CUANDO ENCONTRÓ EL DÉCIMO PERGAMINO,
CONTINUÓ SU VIAJE.

LOS CAZADORES SUBTERRÁNEOS

DESPUÉS, WALLY Y EL MAGO BARBABLANCA
LLEGARON AL MUNDO DE LOS CAZADORES
SUBTERRÁNEOS, DONDE ANTES YA HABÍAN
ESTADO MUCHOS WALLY. AQUEL LUGAR ERA
MUY PELIGROSO, PUES ABUNDABAN LOS MONSTRUOS
MALÉVOLOS. Y WALLY ENCONTRÓ EL UNDÉCIMO
PERGAMINO Y CONTINUÓ CON SU VIAJE.

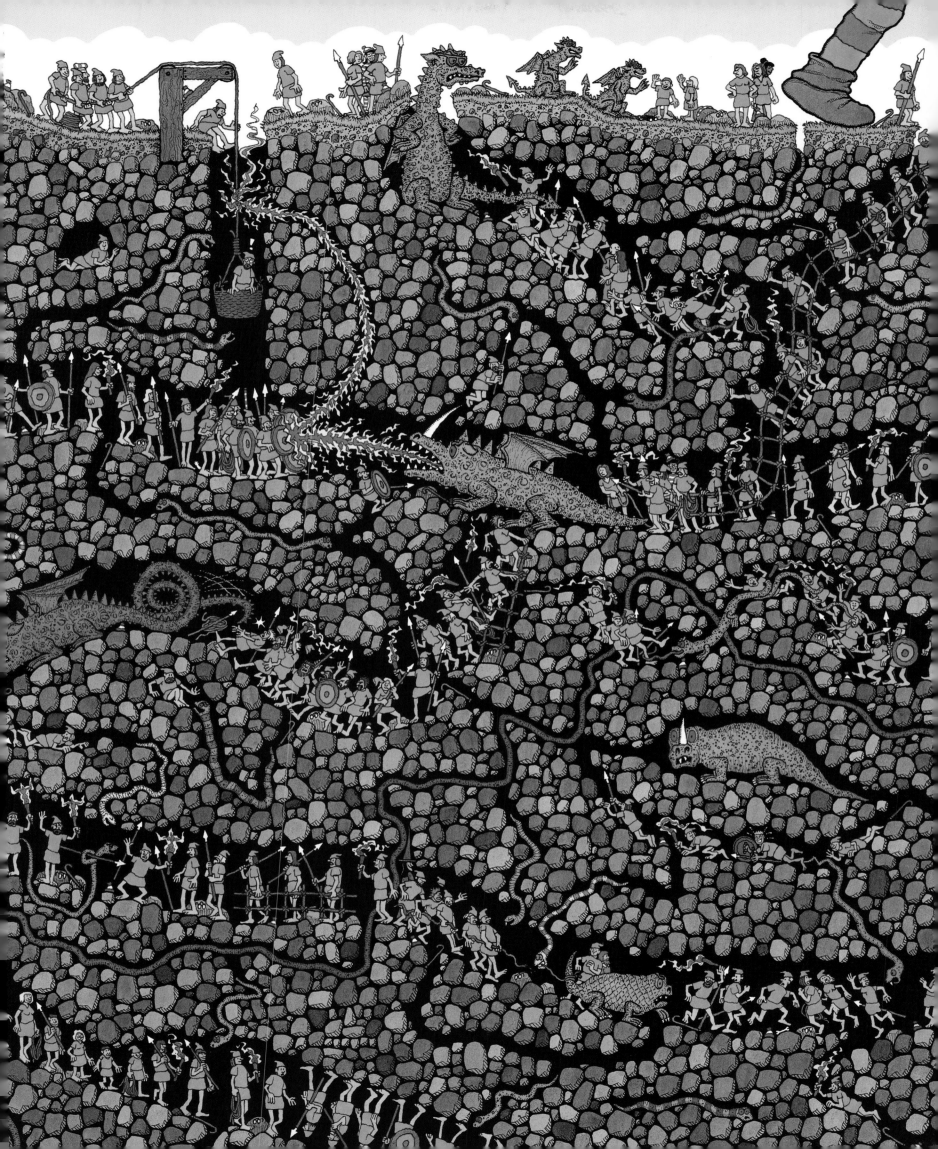

LA TIERRA DE LOS WALLY

Y POR FIN, WALLY ENCONTRÓ EL DUODÉCIMO PERGAMINO Y COMPRENDIÓ LA VERDAD SOBRE SÍ MISMO. ES DECIR, QUE ÉL SÓLO ERA UN WALLY ENTRE OTROS MUCHOS. TAMBIÉN SE PERCATÓ DE QUE LOS WALLY SUELEN PERDER COSAS, PUES ÉL MISMO HABÍA PERDIDO UN ZAPATO. Y MIENTRAS BUSCABA EL ZAPATO, DESCUBRIÓ QUE EL MAGO BARBABLANCA NO ERA SU ÚNICO ACOMPAÑANTE. HABÍA ONCE MÁS: UNO POR CADA LUGAR DONDE HABÍA ESTADO, QUE SE LE HABÍAN UNIDO DE UNO EN UNO A LO LARGO DE LA RUTA. DE MODO QUE AHORA (¡OH LEALES SEGUIDORES DE WALLY!) BUSQUEN AL AUTÉNTICO WALLY Y AYÚDENLE A ENCONTRAR EL ZAPATO PERDIDO. ¡Y QUE SEA FELIZ PARA SIEMPRE EN EL PAÍS DE LOS WALLY!

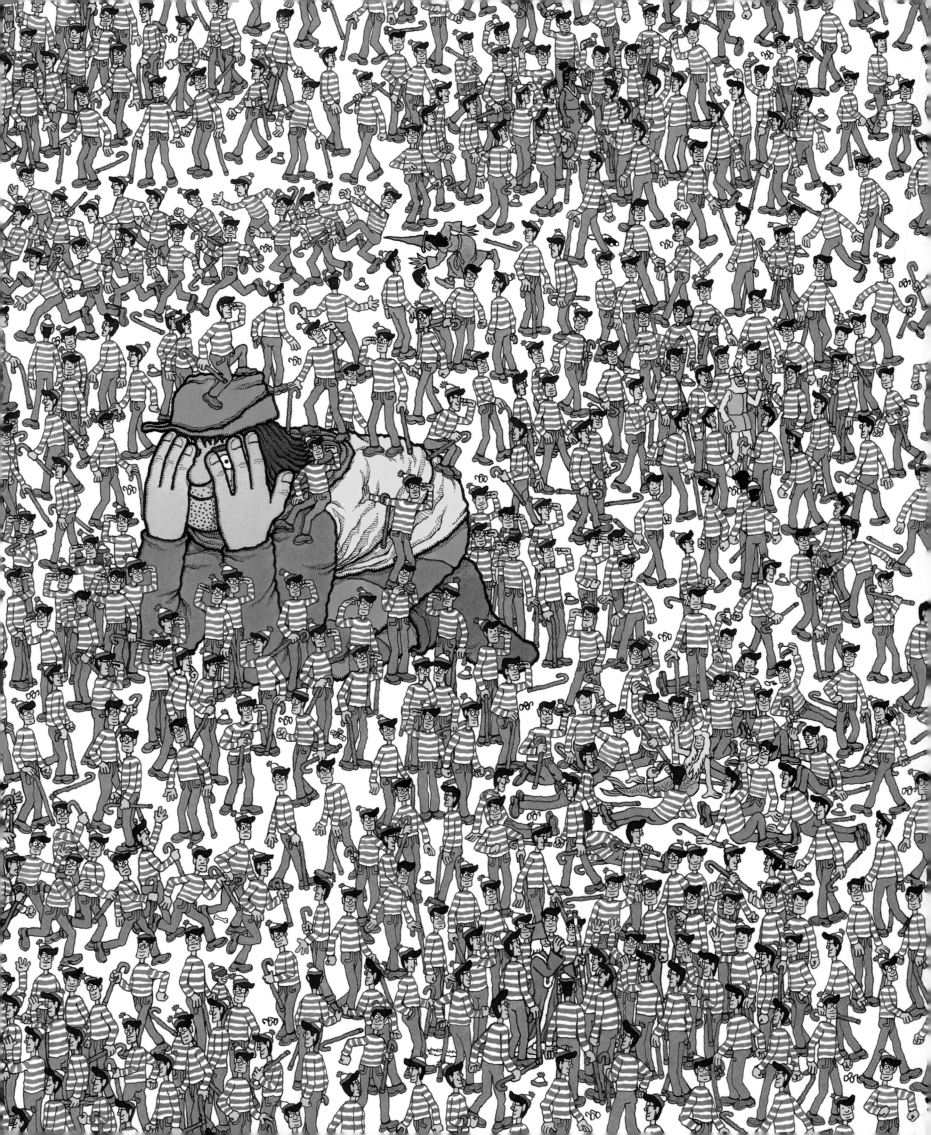

LOS GLOTONES

- Un comilón muy alto comiendo de un plato alto
- Una salchicha gigante rompiéndose por la mitad
- Un aroma que se mete en la ropa de una persona
- Un plato que noquea a los que lo prueban
- Uno que sirve vino con mucha habilidad
- Un camarero robusto y otro debilucho
- Un hombre que ha bebido demasiado
- Gente que se equivoca de dirección
- Gente mordiendo platos
- Un plato al revés
- Una comida muy caliente
- Caballeros bebiendo con pajitas
- Un hombre atado por espaguetis
- Olores a larga distancia
- Porciones desiguales de pastel
- Salchichas gigantes
- Una batalla de cremas
- Un banco sobrecargado
- Una barba mojándose en la sopa
- Una jarra cuya asa se rompe
- Un derramamiento doloroso
- Uno al que le meten un dedo en el ojo
- Un hombre que ha comido demasiado
- Un pastel que salpica a los comensales

LAS ALFOMBRAS VOLADORAS

- Dos alfombras a punto de chocar
- Un viajero muy pesado
- Un paso de peatones
- Una alfombra con la imagen de una mujer
- Tres polizones que viajan sin pagar
- Unos que hacen «alfombra-stop»
- Un cliente descontento
- Un vendedor de alfombras de segunda mano
- Una torre patas arriba
- Un choque puntiagudo
- Policías persiguiendo a ladrones
- Uno que roba fruta al vuelo
- Unos que vuelan boca abajo
- Una tienda de reparaciones de alfombras
- Dos hombres que saludan a dos mujeres
- Una torre volante
- Una alfombra que hace de escalera
- Bandoleros aéreos
- Una alfombra de ricos y otra de pobres
- Alfombra-grúa para alfombras accidentadas
- Un guardia de tráfico de alfombras
- Una alfombra voladora sin nadie
- Una alfombra humana en que viajan alfombras

LOS MONJES PELEADORES

- Dos coches de bomberos
- Unas cadenas de agua
- Monjes que se queman los pies
- Choque de fuego contra agua
- Un puente hecho de monjes
- Un monje que hace burla
- Cazadores que son cazados
- Un puente en llamas
- Una manguera que arde
- Siete traseros ardiendo
- Una estatua asustada
- Una estatua apuesta
- Un chorro de fuego que serpentea
- Un monje que se zambulle en el agua
- Un chorro de agua que serpentea
- Monjes adorando al Balde de Agua que Fluye
- Trece monjes asustados por estar acorralados
- Monjes adorando al Poderoso Volcán en Erupción
- Un monje preocupado encarándose a dos enemigos
- Monjes y lava saliendo de un volcán
- Dos monjes que atacan a sus hermanos por error
- Un monje sorprendido por un chorro de fuego
- Una manguera regando a cinco monjes de una vez
- Monjes escudándose de la lava que les cae encima

EL GRAN PARTIDO DE PELOTA

- Un jugador que persigue a un montón
- Uno al que tiran de la barba para darle de beber
- Un grupo que anda hacia atrás persiguiendo a un jugador
- Jugadores intentando arrancarse las capuchas unos a otros
- Un espectador que golpea accidentalmente a otros dos
- Dos jugadores altos peleando con unos bajitos
- Un jugador da un puñetazo a una pelota
- Un «chut» que rompe un poste
- Un jugador que saca la lengua a un grupo
- Unas pelotas formando una cara
- Jugadores que cavan para ganar
- Una bandera con un agujero
- Un pelotazo en el trasero
- Siete cantantes muy malos
- Jugadores que no ven adónde van
- Un trago para tres
- Uno al que le pisan la lengua
- Espectador rodeado por hinchas contrarios
- Jugadores con una pelota cada uno de ellos
- Un jugador que da un cabezazo a una pelota
- Un jugador que tropieza con una piedra
- Una persecución en círculo
- Una cara a punto de estrellarse contra un puño

LOS FEROCES ENANOS ROJOS

- Dos puñetazos que provocan reacciones en cadena
- Lancero y lanza delgados y lancero y lanza gruesos
- Proyectil de una honda que rompe varias lanzas
- Dos lanceros con los que quieren jugar al blanco
- Lanza estrellada contra el escudo de un lancero
- Un hacha que provoca dolores de cabeza
- Un enano que se ha equivocado de bando
- Lanceros que corren dejando atrás sus ropas
- Una lanza que arranca el casco de un enano
- Unos que desarman las lanzas enemigas
- Un enano que dobla las puntas de las lanzas
- Enanos disfrazados de lanceros
- Un grupo de lanceros que se rinde
- Un lancero con la ropa clavada en el suelo
- Un enano subido a una lanza
- Un lancero que huye de una lanza
- Una espada que atraviesa un escudo
- Un enano que camufla una lanza
- Una celda hecha de lanzas
- Lanzas entrelazadas
- Un lancero recibe un puñetazo y perfora una bandera
- Uno al que le han incrustado un escudo por la cabeza
- Pedrada de honda que provoca una reacción en cadena

LOS MALOS MALÍSIMOS

- Un vampiro asustado por un fantasma
- Dos vampiros con ositos de peluche
- Vampiros bebiendo con pajitas
- Dos gárgolas enamoradas
- Unos torturadores que cuelgan de los pies
- Un murciélago que sirve de bate de béisbol
- Tres hombres-lobo
- Una momia que pierde las vendas
- Un vampiro que no se ve en el espejo
- Un esqueleto asustado
- Un perro, un gato y un ratón que sale de una pared
- Dos gatos enamorados
- Un juego de bowling macabro
- Una gárgola a la que meten una escoba en un ojo
- Una gárgola del revés
- Controladores aéreos truculentos
- Brujas que vuelan hacia atrás
- Una bruja que pierde su escoba
- Una escoba montada sobre una bruja
- Un torturado al que le hacen cosquillas
- Un vampiro al que le van a cortar la cabeza
- Un tren fantasmal
- Un vampiro que no cabe en su ataúd
- Un monstruo encapuchado de tres ojos

LAS GUERRERAS DEL BOSQUE

- Caballeros disparando flechas contra caballeros
- Ocho pares de pies que asoman por un árbol
- Dos caídas que provocan reacciones en cadena
- Una amazona perezosa
- Un árbol con mucho aliento
- Amazonas de cabeza dura
- Atacantes a punto de ser atacados
- Una amazona robusta y otra débil
- Un caballo asustadizo
- Una escalera del revés
- Árboles enamorados
- Un tronco de árbol boca abajo
- Un unicornio de dos cabezas
- Un unicornio subido a un árbol
- Caballeros derribados por un árbol
- Árboles con dos caras
- Hombres de barro arrojando barro
- Tres piernas larguísimas
- Un arbolito llorón
- Lanzas a las que se saca filo
- Árboles que atacan con sus ramas
- Zancos cortados de un solo golpe
- Un caballero con tres piernas

LOS BUCEADORES

- Dos bancos de peces con forma de pez
- Un pez con dos cabezas
- Un compás
- Un pez pescando hombres
- Peces dedos
- Una playa submarina
- Una cama en el fondo del mar
- Un pez gato y un pez perro
- Una botella dentro de un mensaje
- Cuatro medusas
- Un pez con dos colas
- Un patín de hielo
- Un león marino
- Un tesoro peligroso
- Camas de ostras
- Peces enlatados
- Peces voladores
- Anguilas eléctricas
- Cartas de la baraja
- Una falsa aleta de tiburón
- Buceadores dibujando en un monstruo marino
- Buceador con espada luchando con un pez espada
- Sirena con cabeza de pez y piernas humanas
- Un carruaje tirado por caballitos de mar
- Conjunto de peces formando una cara

LOS CABALLEROS DEL ESTANDARTE MÁGICO

- Reyes infieles
- Un estandarte con puños
- El juego de «tres en raya»
- Un reno empuñando una espada
- Un hombre entre rejas
- Una rata entre leones
- Banderas dentro de una bandera
- Un enredo de lenguas
- Un paso de peatones
- Un águila bombardeando
- Un aguafiestas resoplando
- Un ariete con una llave en la punta
- Serpientes y escaleras
- Un dragón que echa fuego
- Platos de comida que van de mayor a menor
- Un ladrón de coronas
- Un león sediento
- Uno que va armado hasta los dientes
- Una pluma que hace cosquillas a un pie
- Unos soldados descarados
- Un reno que se rinde
- Un perro que intenta alcanzar un hueso
- Un casco con tres ojos

LA TIERRA DE LOS WALLY

- Unos Wally saludando
- Unos Wally caminando
- Unos Wally corriendo
- Unos Wally sentados
- Unos Wally tumbados
- Unos Wally deslizándose
- Unos Wally inmóviles
- Unos Wally sonriendo
- Unos Wally buscando
- Unos Wally a los que persiguen
- Unos Wally con el pulgar hacia arriba
- Unos Wally asustados
- Unos Wally con gorro
- Unos Wally sin gorro
- Unos Wally quitándose el gorro para saludar
- Unos Wally con bastón
- Unos Wally sin bastón
- Unos Wally con gafas
- Unos Wally sin gafas
- Un Wally encima de un sombrero
- Un Wally agarrado a un ala
- Wally

LOS CAZADORES SUBTERRÁNEOS

- Un cazador a punto de meter la pata
- Cuatro portadores de antorchas asustados
- Una serpiente que roba un sombrero
- Un guardia de tráfico subterráneo
- Tres portadores de antorchas que se rinden
- Una serpiente con dos cabezas
- Una serpiente que hace cosquillas
- Una serpiente increíblemente larga
- Tres dragones con gafas de sol
- Un dragón que ataca por los dos lados
- Papá serpiente y mamá serpiente enfadados
- Cinco lanzas rotas
- Un monstruo que hace de puente
- Cinco caras formadas por rocas
- Cazadores andando boca abajo
- Una serpiente atrapada entre las rocas
- Una escalera muy larga
- Una antorcha que prende fuego a las lanzas
- Un tirón de cola de lagarto con susto incluido
- Un cazador con una lanza larguísima
- Cazadores a punto de chocar los unos con los otros
- Cazadores que avanzan describiendo un círculo
- Una lengua que se enrosca en un tobillo

LOS MALVADOS GIGANTES

- Cazadores a punto de ser cazados
- Una ducha fría a lo bruto
- Cuatro mujercitas tímidas y halagadas
- Dos gigantes que abofetean a los hombrecillos
- Patos que se han quedado sin agua
- Pájaros molestados por un gigante
- Dos árboles que hacen de escobas
- Dos gigantes puestos fuera de combate
- Dos molinos que hacen «pupa»
- Un gigante con un tejado en la cabeza
- Unos que juegan con un tablero
- Un ariete rematado por un puño
- Un gigante que levanta en alto una casa
- Chinches-trampa
- Una avalancha de piedras
- Gigantes enamorados que van a perder la cabeza
- Tres hombrecillos dentro de una capucha gigante
- Hilera de hombrecillos arrastrados por un gigante
- Un gigante burlón a punto de recibir un mazazo
- Un nido peludo
- Un proyectil de catapulta que hace carambola
- Seis hombrecillos metidos en cinturones de gigantes
- Un gigante educado a punto de sufrir dolor de cabeza

EL VIAJE FANTÁSTICO

¿Además de encontrar a Wally y a sus amigos hallaron todas las cosas que han perdido? ¿Encontraron al personaje misterioso que aparece en cada escena? Quizá sea algo difícil, pero si siguen buscando puede que den con él. Y un último comentario: uno de los buscadores de Wally ha perdido la borla de su gorro en alguna parte. Averigüen de quién se trata y encuentren la borla.